AF262314

LYON
22946

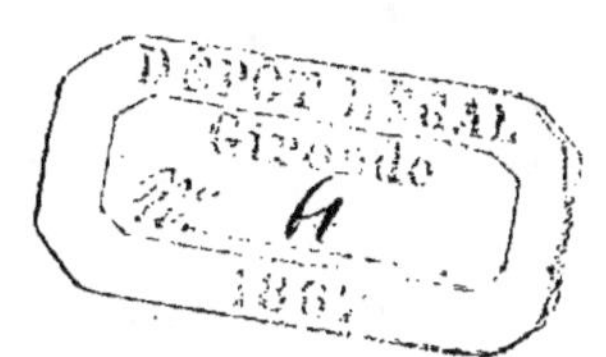

FRAGMENT

DE BIOGRAPHIE

1867

LES COMMENCEMENTS DE MA VIE UNIVERSITAIRE

Mes concitoyens ne se doutent guère de la reconnaissance que je leur dois : ils ont pourtant contribué pour une large part à ma fortune universitaire. En 1817, je dirigeais dans ma petite ville natale une très-modeste institution que j'avais fondée. Le 1er Novembre de la même année je quittais mon pays pour aller occuper, au collége de Montluçon, la chaire de cinquième à laquelle je venais d'être nommé par le Recteur de l'Académie de Clermont. Après cinq ans d'absence je revenais au milieu de mes compatriotes avec les titres de Professeur de Philosophie, d'ancien élève de la grande École normale de Paris, et d'agrégé des classes supérieures des Lettres ; ce dernier titre conquis au premier concours établi en 1821, me donnait droit à une chaire de philosophie dans un grand collége. Tout le monde dans ma petite ville était étonné du chemin que j'avais fait en si peu de temps ; j'en étais étonné moi-même. D'où me venait un si rapide avancement ? Il faut savoir d'abord pour quel motif j'avais quitté mon pays. Un tout petit évènement en avait été la cause. La chaire de cinquième, au collége de ma ville natale, étant devenue vacante, mes amis y avaient songé pour moi, et de mon côté j'y avais pensé aussi. Mes titres n'étaient pas contestés. J'étais enfant de la cité ; j'avais fait mes études au collége où j'avais remporté bien des palmes. Je savais le grec que j'avais appris tout seul, et dont je pouvais introduire l'enseignement au collége. Les succès de mon institution étaient notoires ; elle fournissait à la cinquième du collége ses meilleurs élèves. Mais j'avais un compétiteur, élève du Grand–Séminaire, recommandé par la femme du Préfet, autrefois comtesse, et plus anciennement femme de chambre. Mon rival l'emporta : et le 15 Octobre 1817, jour de la rentrée du collége, il prenait possession de sa chaire. Le refus que j'avais éprouvé m'avait blessé sans m'arracher la moindre plainte. Je n'avais pas dit une seule parole ; mais j'avais agi. J'avais écrit immédiatement au Recteur de l'Académie pour lui demander une chaire dans un collége ; et j'avais glissé dans ma lettre quelques mots de grec. Ces mots firent merveille ; mon recteur était helléniste, et aucun des deux inspecteurs qu'il avait auprès de lui, ne savait un mot de cette langue. Il fut agréablement surpris de rencontrer un hellénisant dans l'obscure localité que j'habitais. Sa réponse ne se fit pas attendre : le 27 octobre il m'écrivait pour m'apprendre qu'il m'avait nommé à la chaire de cinquième du collége de Montluçon, ville beaucoup plus considérable que la mienne, et qui faisait partie du ressort de l'Académie. J'étais vengé du refus des édiles de ma ville natale, et ce qui valait mieux pour moi, j'entrais dans l'Université, dont jusque-là je n'avais pu me faire ouvrir la porte. Ce premier succès, qui n'était que le prélude de beaucoup d'autres, c'est à vous que je le dois, mes chers concitoyens, car vous en fûtes les véritables auteurs par l'exclusion dont vous me frappâtes, sans mauvaise intention ; je suis le premier à le reconnaître, et j'ajoute, vous me rendîtes service ; car sans cette blessure faite à mon amour-propre, je n'aurais jamais songé à quitter le pays où je n'aurais fait que végéter comme beaucoup d'autres.

Le 1ᵉʳ novembre 1817, je partais pour Clermont où je reçus du Recteur le meilleur accueil. J'eus à subir un examen qui rassura ces messieurs sur ma capacité. L'un des deux inspecteurs, après m'avoir toisé de la tête aux pieds (j'étais d'une taille assez avantageuse), m'adressa quelques paroles bienveillantes, me faisant entendre qu'il augurait bien de mon avenir. Quelques jours après j'étais installé dans ma chaire de cinquième, et je ne sentis pas mes épaules bien lourdement chargées ; j'aurais pu porter un poids plus considérable. Et ce fut précisément ce qui arriva : le Recteur demanda que l'on commençât à enseigner le grec, du moins à partir de la troisième : le professeur de cette classe n'en savait pas le premier mot, pas plus que mes autres collègues. Comment faire ? La pensée lui vint de me proposer de prendre sa place, ce que j'acceptai avec empressement ; et lui, de son côté, se trouva tout heureux de descendre en cinquième parce qu'il y trouva ce qu'il n'avait pas, des répétitions auxquelles il tenait beaucoup. Le Recteur sanctionna tous ces changements ; et moi, dont mes concitoyens n'avaient pas voulu pour une cinquième, au bout de trois mois, je me trouvai professeur de troisième. Cette classe me fut très-utile en ce sens qu'elle me tint toute l'année en contact habituel avec Cicéron et Virgile. Je me retrempai dans le goût de la bonne latinité, ce qu'il me fallait pour réussir dans le concours pour l'admission à l'École normale à laquelle je ne pensais nullement, et où je devais cependant entrer dans moins d'un an. C'était ainsi que tout s'enchaînait à mon insu, et que la Providence me conduisait comme par la main.

Au mois de Juin, j'eus la visite de MM. les inspecteurs généraux ; celui qui vint au collége, M. Beudan de Boislaurent, se montra fort content de ma classe et me félicita, si jeune, d'occuper une chaire de troisième. L'année se passa bien : ma classe était bien tenue ; mes élèves travaillaient et je travaillais encore plus qu'eux. J'avais acquis un grand ascendant sur leur esprit, d'abord par ma connaissance du grec que seul j'enseignais ; ensuite par mon caractère et aussi par un tout petit évènement qui y contribua d'une façon tout-à-fait inattendue. Le père d'un de mes élèves était venu un samedi soir inviter pour le lendemain à déjeûner tous les professeurs et le principal, sans prendre la peine de monter chez aucun de nous. Il avait chargé le chef du collége de nous transmettre son invitation. Le lendemain, à l'heure marquée, 11 heures, le principal me fait dire que l'on va partir. Je fais répondre de partir sans m'attendre ; et au lieu de les suivre je me rendis à l'église avec les élèves. Je n'y étais pas arrivé que la dame de l'amphytrion me fit prier par son fils de vouloir bien venir jusque chez elle ; sa maison était à deux pas. Je me rends à sa demeure ; le déjeûner était servi : on n'attendait que moi pour se mettre à table ; on ne faisait aucun doute que je ne prisse part à la fête. On se lève pour prendre place ; et moi de faire la révérence à la dame du logis et de gagner la porte en m'excusant de ne pouvoir donner la préférence à un déjeuner sur un devoir religieux. Je laissai tout mon monde ébahi et confondu. Le patron me suivit en me témoignant tous ses regrets de n'avoir pas pris la peine de monter jusque chez moi pour m'adresser son invitation. A partir de ce moment, j'eus une place à part dans l'esprit de mes élèves ; je n'étais plus un homme comme un autre ; les invitations ne pouvaient rien sur moi.

La fin de l'année arriva et l'on parlait déjà de me faire passer en seconde, classe qui devait devenir vacante. Tels n'étaient pas mes projets ; je ne fus pas plutôt en possession de mes vacances que, délogeant sans tambour ni trompette, je m'acheminai vers Paris, grâces à quelques économies que j'avais pu réaliser, non sans m'imposer plus d'une privation. Je n'étais pas arrivé de huit jours à Paris que déjà j'avais frappé à la porte de tous les colléges, demandant une modeste place de maître d'études que je ne pus obtenir fort heureusement pour moi. Tenant beaucoup à rester à Paris, non pour mes plaisirs, mais pour mon instruction, et ne sachant plus que faire, un beau matin je m'acheminai vers la demeure du savant helléniste, M. Burnouf, dont l'excellente grammaire m'avait été si utile dans l'étude du grec. Sa dame me montra la porte de son cabinet ; et je le vois encore me souriant gracieusement dès que je lui eus appris que j'étais un de ses nombreux élèves de province, et que je venais le consulter sur la manière de lire le grec, attendu que je l'avais appris tout seul, sans jamais avoir eu de maître. Il me fit asseoir, me fit lire du grec, trouva que je lisais fort bien, et me demanda ensuite ce que j'étais venu faire à Paris. — Chercher, lui dis-je, une place de maître d'études ; — Gardez-vous-en bien, me répondit-il, cela ne vous mènerait pas loin. Vous avez mieux à faire : il y a dans ce moment un concours supplémentaire pour l'École normale ; présentez-vous. Il m'indiqua la marche que j'avais à suivre ; je fus admis au concours, et après le concours reçu à l'École normale.

Dès ce moment un nouvel avenir s'ouvrait devant moi. Après trois ans de fortes études, il m'était permis d'aspirer à une chaire supérieure dans un des bons colléges de l'Université, qu'on appelait alors des colléges royaux. Ma vocation était arrêtée. Tout allait bien jusque-là : je faisais mes préparatifs pour entrer à l'École, lorsque je fus informé par l'économe que j'avais à fournir un trousseau s'élevant à la somme de huit cents francs. Ma bourse était trop faible pour faire face à cette dépense. Comment sortir de cet embarras? Abandonner la partie ; aller reprendre ma chaire de troisième ? Non ! — Une autre idée me vint dans l'esprit, ce fut d'entrer d'abord à l'École ; de demander du temps pour fournir mon trousseau et d'attendre. Ainsi fut dit ; ainsi fut fait. Après quelques semaines passées à l'École, je me procurai la partie la plus nécessaire de mon costume qui n'était pas très-coûteuse. Pour le reste, on me donna du temps, et ce temps se prolongea jusqu'à ma sortie.

J'étais entré à l'École normale avec l'intention de m'occuper de grec et de latin, et pas d'autre chose. Je voulais être professeur d'humanités ; et cependant après six mois de séjour, je ne rêvais que philosophie. D'où m'était venue cette vocation nouvelle qui a été ma vocation définitive ? Ce changement de direction dans mes études fut un véritable évènement dans ma vie.

Au bout des six premiers mois de séjour à l'École normale arrivèrent les examens de Pâques. Ces examens étaient sévères : ils roulaient sur toutes les matières étudiées pendant le semestre ; ils étaient le grand moyen de connaître les progrès des élèves, et pour eux le plus puissant motif d'application, puisqu'ils étaient jugés d'après le plus ou moins de valeur de leurs réponses. Nous avions suivi un cours de logique auquel je n'avais rien compris et dont je m'étais fort peu occupé. Le jour de l'examen venu, je suivais attentivement la série des questions adressées aux élèves, et ma conscience me disait qu'à leur place je n'aurais su que répondre. Mon tour arrive ; je suis appelé. Malgré la conscience de ma faiblesse et de mon ignorance, grâce à mon caractère, je ne fus ni troublé, ni intimidé. Mon bonheur voulut que je fusse interrogé par M. Laromiguière, le célèbre auteur des *Leçons de philosophie*. Sortant un peu du programme, les questions qu'il m'adressa étaient si bien posées qu'elles me suggéraient la réponse. Payant de ma personne, n'ayant d'autre ressource que mes inspirations personnelles, car je n'avais rien appris, je répondis cependant avec intelligence et bonheur à tout ce qui m'était demandé. Bientôt je m'aperçus que l'interrogateur se tournant du côté de mon professeur lui témoignait sa satisfaction : je fus encouragé ; mes réponses gagnèrent en valeur. Bref, je m'en tirai si bien que quelques jours après je reçus des félicitations du président de l'examen par l'entremise de mon professeur. Ce succès inespéré me fit beaucoup réfléchir. Je me demandai si par hasard il n'y avait pas en moi, à mon insu, quelque puissance philosophique. A partir de ce moment, sans abandonner mes études humanitaires, je m'occupai beaucoup de philosophie. Je parcourus les rédactions des anciens élèves qui avaient eu pour maîtres M. Jouffroy et M. Cousin. J'entrevis toute chose, d'abord un peu confusément ; puis, peu à peu le brouillard se dissipa, et au bout d'un an, j'osais entreprendre de rédiger une logique complète d'après mes idées personnelles. Dans deux mois la besogne fut achevée et mon travail remis au professeur qui prit la peine de l'examiner et m'en témoigna tout son contentement, contentement si réel qu'aux vacances qui suivirent, sur la demande qu'on lui avait faite d'un élève pour remplir une chaire de philosophie vacante au collége de Châlons, il me fit l'honneur de me désigner comme le plus capable de l'occuper. J'allais accepter lorsque je fis réflexion que n'ayant passé que deux ans à l'école, une année d'études de plus ne pourrait que me fortifier. Le directeur de l'École, l'honorable M. Guenau de Mussy me confirma dans cette pensée en ajoutant que je pouvais compter sur une chaire de philosophie pour l'année prochaine, ce qui eût lieu ; et voilà comment je suis devenu professeur de philosophie : je le dois à la bonne fortune d'un examen heureux qui me révéla une aptitude que je n'avais jamais soupçonnée. Ainsi dans l'espace de moins de quatre ans, du plus bas de l'échelle j'étais monté au sommet ; et la première initiative de tout cet avancement je la devais à ma connaissance du grec. D'où me venait la connaissance de cette langue dans une ville et dans un collége où personne n'en connaissait les premiers éléments ? J'ai déjà dit que je l'avais appris tout seul ; mais la première idée, l'idée même de l'apprendre, par qui, par quoi, m'avait-elle été suggérée ?

La confiance dont m'honorait mon excellent professeur de rhétorique, M. l'abbé Drapeau, me procurait souvent la

faveur de passer de bonnes matinées à la bibliothèque du
collége où personne n'était admis parce qu'il n'y avait pas
de bibliothécaire. Cette bibliothèque possédait un grand
nombre de bons ouvrages enlevés pendant la Révolution aux
maisons religieuses qu'on avait supprimées. Je fouillais un peu
partout et lisais un peu de tout ; lorsqu'un beau jour il me
tomba sous la main un vieux bouquin poudreux qui piqua
ma curiosité. Je voulus savoir ce que c'était, et mes yeux
étonnés rencontrèrent des caractères qui m'étaient tout-à-
fait inconnus. C'était une grammaire grecque de Clénart qui
remontait au XVI° siècle. Elle comptait une vingtaine de
déclinaisons et autant de conjugaisons : c'était un véritable
grimoire. Je n'eus d'abord d'autre ambition que d'en dé-
chiffrer les caractères dont j'eus bientôt la clé. Au bout de
quelques jours je savais lire ; puis je voulus apprendre à
décliner les noms, ce qui me fut facile comme sachant déjà
le latin. J'abordai enfin les conjugaisons qui m'arrêtèrent
plus longtemps : ce fut la seule difficulté sérieuse que je
rencontrai dans l'étude de cette langue. Au bout d'un an,
grâce à la grammaire de Gal et plus tard à celle de Burnouf
que j'étais parvenu à me procurer, je traduisais la cyropédie
de Xénophon, les dialogues de Lucien, un peu d'Homère ;
et avançant toujours j'arrivais bientôt à comprendre Plu-
tarque et Démosthènes. Le seul dictionnaire en usage alors
ou du moins que j'ai connu, c'était celui de Janet, grec-
latin. Si l'on m'avait demandé à cette époque pourquoi
j'apprenais le grec, je n'aurais trop su que répondre. Je
n'avais d'autre but que de satisfaire ma curiosité et mon
désir d'apprendre, ne songeant pas le moins du monde que
le moment n'était pas loin où mon petit savoir grec me
vaudrait la protection d'un Recteur, puis ma promotion à

une chaire de troisième, puis enfin mon entrée à l'École normale. Mais il faut dire : toute ma petite science d'helléniste serait restée enterrée dans mon pays natal sans le refus de la chaire de cinquième que j'eus à essuyer de la part de nos édiles, et qui eut pour effet, mes chers concitoyens, de secouer mon apathie, de me réveiller de ma léthargie, et de me mettre la plume à la main pour trouver ailleurs ce que j'aurais vainement cherché parmi vous ; car le proverbe a raison, « nul n'est prophète chez soi. »

Maison Lafargue : Coderc, Degréteau et Poujol, succ.

Bordeaux.   Imp. de F. Degréteau et Cie.

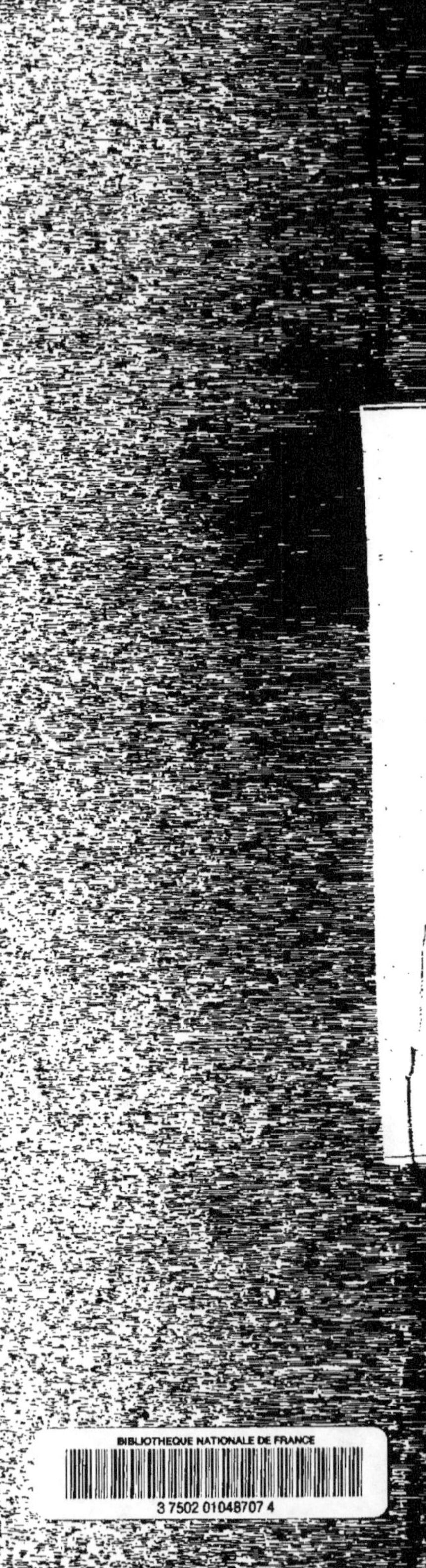